Sécurité Mobile Et Protection Des Applications

Comment protéger votre smartphone, vos applications et vos messages contre les intrusions numériques

Par Joe Correa

Publié par Live Stronger Faster

Première édition

Table Des Matières

Introduction

À l'ère numérique, votre smartphone n'est plus seulement un téléphone. C'est votre appareil photo, votre portefeuille, votre centre de messagerie, votre guide de voyage, votre outil de suivi de santé et votre point d'accès à presque tous les aspects de votre vie personnelle et professionnelle. Cela en fait l'une des cibles les plus attractives pour les cybercriminels, les collecteurs de données et les applications intrusives. Et pourtant, alors que la plupart des gens verrouillent leur porte d'entrée avant de quitter leur domicile, ils appliquent rarement le même niveau de vigilance en matière de sécurité à l'appareil qu'ils utilisent le plus.

Ce livre est votre guide complet pour protéger votre vie mobile. Que vous utilisiez un iPhone, un appareil Android ou une tablette, il vous offre un cadre clair et facile à suivre pour sécuriser votre appareil, vos applications et vos données—sans avoir besoin d'être un expert en technologie. Nous passerons en revue les paramètres, fonctionnalités et outils essentiels qui peuvent réduire considérablement votre vulnérabilité, de la chiffrement aux autorisations d'applications, en passant par la messagerie sécurisée et les VPN mobiles.

Nous mettrons également en lumière certaines des menaces les plus importantes que la plupart des gens ignorent—comme les fausses applications, l'accumulation excessive d'autorisations, les attaques via Bluetooth, le suivi de localisation et les risques cachés du Wi-Fi public. Chaque chapitre est rempli de scénarios concrets, de conseils d'experts et d'outils de sécurité à jour que vous pouvez commencer à utiliser immédiatement.

À la fin de ce livre, vous comprendrez comment les attaques mobiles se produisent, comment reconnaître les signes d'alerte et surtout—comment les prévenir. Vous apprendrez à sécuriser vos messages, protéger vos documents sensibles, éviter les pièges courants et reprendre le contrôle de votre vie privée numérique.

Que vous soyez parent, voyageur, entrepreneur, freelance, étudiant ou simplement une personne toujours en déplacement, ce livre vous donnera la confiance et les connaissances nécessaires pour protéger votre monde numérique—even dans les environnements les plus connectés.

Commençons avec le Chapitre 1 : Les véritables dangers de la cybercriminalité mobile—et pourquoi sécuriser votre smartphone est tout aussi important que verrouiller votre porte d'entrée.

Chapitre 1 : Les véritables dangers de la cybercriminalité mobile

La plupart des gens transportent toute leur vie dans leur poche—mais peu comprennent réellement les risques que cela implique. Le smartphone est devenu une extension du cerveau humain : il stocke nos mots de passe, nos photos personnelles, nos conversations, nos applications financières, nos données de santé, notre historique de localisation et même des identifiants biométriques comme les empreintes digitales et la reconnaissance faciale. Cela fait des appareils mobiles la cible la plus convoitée des cybercriminels, des voleurs d'identité et des espions numériques. Mais la menace ne se limite pas aux pirates informatiques dans une pièce sombre en train d'écrire du code. Les dangers les plus sérieux sont souvent légaux, invisibles et intégrés directement dans les applications que nous utilisons chaque jour.

Commençons par une vérité fondamentale : votre téléphone diffuse constamment des données. Qu'il s'agisse de la localisation GPS, des signaux Bluetooth, des requêtes Wi-Fi ou des identifiants publicitaires mobiles, votre appareil communique en permanence avec des réseaux, des antennes et des appareils à proximité. Ce flux de données peut être collecté, stocké, analysé et vendu par des développeurs d'applications, des annonceurs ou des acteurs malveillants. Beaucoup ignorent que même des applications "gratuites" comme une lampe torche ou une météo peuvent contenir des logiciels espions capables de collecter des contacts, des données audio ou des habitudes d'utilisation—sans éveiller le moindre soupçon.

L'un des dangers les plus courants et les moins signalés est l'accumulation d'autorisations, appelée *permission creep*—une situation où une application demande d'abord un accès basique (comme la localisation ou les photos), puis accumule progressivement des permissions plus intrusives. Par exemple, une simple application de notes peut soudain demander l'accès au microphone, au calendrier ou à la caméra. La plupart des utilisateurs appuient sur "Autoriser" sans en comprendre les conséquences. Ces autorisations peuvent être exploitées pour écouter des conversations, prendre des photos ou accéder à des fichiers sensibles en arrière-plan.

Il existe également la menace des fausses applications—des logiciels malveillants déguisés en applications légitimes. Celles-ci sont particulièrement courantes sur les boutiques d'applications tierces ou dans certaines régions. Une fausse application bancaire, par exemple, peut ressembler parfaitement à l'originale, mais au lieu de vous connecter, elle vole vos identifiants. Une fois installées, ces applications peuvent fonctionner en mode furtif, intercepter les codes d'authentification, lire les messages et transmettre vos données à des serveurs malveillants.

Le Wi-Fi public représente un autre risque majeur. Les attaques dites *man-in-the-middle* se produisent lorsque des pirates créent de faux réseaux Wi-Fi dans des lieux publics—souvent nommés "Free_Wifi" ou "Starbucks_Guest". Une fois connecté, l'attaquant peut intercepter tout ce que vous envoyez : identifiants de connexion, numéros de carte bancaire, e-mails personnels et même certaines données VPN mal sécurisées. Cela devient particulièrement dangereux pour les utilisateurs qui effectuent des opérations bancaires ou des achats en ligne en déplacement.

Même le Bluetooth peut être détourné. Des attaques comme BlueBorne ou BlueSnarfing permettent à des pirates d'exploiter les connexions Bluetooth pour voler des fichiers, des contacts, voire prendre le contrôle de votre appareil—sans aucune interaction de votre part. Laisser le Bluetooth activé dans des lieux publics comme les aéroports ou les conférences augmente considérablement votre exposition.

Votre appareil est également une porte d'entrée pour les attaques d'ingénierie sociale. Les messages frauduleux envoyés par SMS (appelés *smishing*) ou via des applications de messagerie peuvent sembler parfaitement légitimes. Cliquer sur un lien dans une fausse notification de livraison ou un message bancaire peut installer un logiciel malveillant instantanément ou vous rediriger vers un site frauduleux. Sur mobile, les utilisateurs sont plus susceptibles d'agir rapidement sans vérifier, ce qui augmente les risques.

Pour compliquer davantage les choses, les systèmes d'exploitation mobiles ne sont pas infaillibles. Bien qu'iOS et Android intègrent des mécanismes de sécurité comme le chiffrement et les mises à jour régulières, ces protections peuvent être contournées via le *jailbreak*, des logiciels obsolètes ou des failles inconnues (*zero-day*). Une fois compromis, votre appareil peut devenir un outil de surveillance—enregistrant vos frappes, accédant à vos mots de passe et transmettant vos données à votre insu.

En résumé, les appareils mobiles sont de véritables coffres-forts de données—ce qui en fait des cibles de grande valeur pour les hackers comme pour les entreprises avides de données. Les menaces sont réelles, constantes et en évolution. Mais vous n'êtes pas sans défense. Dans les prochains chapitres, nous verrons des outils et techniques pour vous protéger : gestion des autorisations, chiffrement, messageries sécurisées, VPN mobiles et détection des menaces en temps réel.

Pour l'instant, retenez ceci : si vous ne laisseriez pas votre portefeuille, votre passeport ou votre journal intime sans surveillance en public, ne le faites pas non plus numériquement. Votre smartphone est tout cela—et bien plus encore.

Histoire réelle : Carlos et la cybercriminalité mobile

Carlos venait d'atterrir à New York après un voyage d'affaires à Mexico. En traversant l'aéroport JFK, il ouvrit son téléphone pour vérifier ses e-mails, commander un Uber et prévenir sa femme qu'il était bien arrivé. C'était un lundi ordinaire—jusqu'à ce que tout bascule.

Une fois dans la voiture, il remarqua quelque chose d'étrange. Son application bancaire s'était déconnectée. Pensant à un simple bug, il tenta de se reconnecter. Mot de passe incorrect. Encore une fois. Toujours incorrect. Il resta figé, incrédule. Il ne l'avait jamais changé.

Quelques minutes plus tard, son téléphone se mit à vibrer sans arrêt. Une transaction de 1 500 dollars à Chicago. Une connexion suspecte à son identifiant Apple. Puis à son compte

Dropbox. Son monde numérique s'effondrait alors qu'il n'avait même pas quitté l'aéroport.

Trois jours plus tôt, dans un café à Mexico, Carlos s'était connecté à un Wi-Fi gratuit. Il avait consulté ses comptes, envoyé des e-mails et téléchargé des documents sensibles. Ce qu'il ignorait, c'est que ce réseau était un faux point d'accès créé par un pirate.

Ce pirate intercepta ses données et installa un faux "mise à jour système" contenant un logiciel malveillant. Sans le savoir, Carlos donna un accès total à son appareil. Chaque mot de passe, chaque message, chaque donnée fut capturé.

De retour chez lui, il tenta de réparer les dégâts—mais il était trop tard. Ses données étaient compromises. Son identité exposée.

Cette expérience fut un électrochoc. Carlos comprit ses erreurs : Wi-Fi public sans protection, autorisations non vérifiées, manque de vigilance. Il décida alors de changer ses habitudes, d'utiliser un VPN, de sécuriser ses applications et d'éduquer sa famille.

Son histoire n'est pas unique. Chaque jour, des millions de personnes tombent dans les mêmes pièges. Mais avec les bonnes connaissances, il est possible de reprendre le contrôle et de protéger sa vie numérique.

Chapitre 2 : Comprendre les autorisations des applications et comment elles vous exploitent

Chaque fois que vous installez une nouvelle application, des autorisations vous sont demandées. Parfois, elles sont logiques : une application de navigation a besoin d'accéder à votre localisation ; une application appareil photo doit utiliser votre caméra. Mais que se passe-t-il lorsqu'une application lampe torche demande l'accès au microphone ? Ou lorsqu'une application de retouche photo souhaite accéder à vos contacts ? La vérité est que les autorisations d'applications sont l'un des aspects les plus négligés—et pourtant les plus exploités—de la sécurité mobile.

Les autorisations sont les passerelles entre une application et les fonctions internes de votre téléphone. Cela inclut l'accès à votre localisation, votre microphone, votre caméra, votre calendrier, vos messages, vos photos, votre historique d'appels, vos données biométriques, votre stockage et même votre activité à l'écran. Chaque autorisation, si elle est mal utilisée, peut devenir une porte d'entrée vers la surveillance ou le vol de données. Le problème, c'est que la plupart des utilisateurs cliquent simplement sur « Autoriser » sans réfléchir—ou pire, sélectionnent « Toujours autoriser » alors que « Autoriser uniquement pendant l'utilisation » serait suffisant.

Voyons comment ces autorisations sont souvent exploitées. Une application apparemment inoffensive peut demander l'accès à votre localisation, puis vendre discrètement vos données de déplacement à des annonceurs ou des courtiers en données. Une autre peut collecter l'historique de votre presse-papiers—ce qui signifie que si vous avez copié des mots de passe ou des numéros de carte bancaire, ils peuvent être récupérés. Certaines applications demandent l'accès aux SMS sous prétexte de vérification, mais l'utilisent ensuite pour intercepter des codes d'authentification à deux facteurs ou envoyer du spam à vos contacts.

L'accès au microphone et à la caméra est particulièrement sensible. Une application qui possède ces deux autorisations peut, en théorie, enregistrer vos conversations ou prendre des photos sans votre consentement. Bien que les systèmes d'exploitation exigent une autorisation explicite, certaines applications malveillantes exploitent des failles—surtout sur des appareils non mis à jour ou modifiés (*jailbreak*). Même des applications légitimes ont été surprises en train d'enregistrer des comportements utilisateurs en arrière-plan sous couvert « d'analyse ».

Les autorisations peuvent également évoluer avec le temps. Vous pouvez installer une application avec des accès limités, puis lors d'une mise à jour, elle demande des autorisations supplémentaires—souvent sans que vous vous en rendiez compte si les mises à jour automatiques sont activées. Ce phénomène, appelé *permission creep*, est extrêmement courant.

Alors, comment reprendre le contrôle ? Commencez par vérifier manuellement les autorisations de chaque application. Sur Android, allez dans Paramètres > Confidentialité > Gestionnaire d'autorisations. Sur iOS, allez dans Paramètres > Confidentialité et sécurité, puis examinez chaque catégorie (microphone, caméra, etc.) pour voir quelles applications y ont accès. Supprimez toute autorisation qui ne correspond pas à la fonction logique de l'application.

Vous pouvez également utiliser des outils de surveillance des autorisations. Certaines applications permettent d'accorder des autorisations temporaires qui expirent automatiquement. D'autres bloquent les traceurs tiers et vous montrent comment vos données sont utilisées et transmises.

Ensuite, soyez vigilant lors de l'installation d'applications. Utilisez uniquement des boutiques officielles comme Google Play ou l'App Store d'Apple. Vérifiez le développeur, les avis, le nombre de téléchargements et l'historique des mises à jour. Méfiez-vous des applications avec peu d'avis ou qui imitent d'autres applications—elles sont souvent utilisées pour diffuser des logiciels malveillants.

Même parmi les applications légitimes, privilégiez celles qui demandent moins d'autorisations. Par exemple, une calculatrice n'a pas besoin d'accès à Internet. Certaines applications de messagerie sécurisée utilisent le chiffrement de bout en bout et limitent l'accès aux contacts. La popularité ne garantit pas le respect de votre vie privée.

Vous pouvez aussi restreindre l'activité en arrière-plan. iOS et Android permettent de limiter les applications qui fonctionnent en continu ou utilisent votre localisation en permanence. Cela réduit considérablement les risques de suivi et de collecte de données.

En fin de compte, la meilleure défense est la vigilance et une bonne hygiène numérique. Prenez l'habitude, chaque mois, d'auditer votre téléphone : supprimez les applications inutilisées, vérifiez les autorisations et mettez à jour votre système. Plus vous contrôlez vos applications, moins elles ont de contrôle sur vous.

Comprendre les autorisations des applications ne consiste pas seulement à modifier des paramètres—il s'agit de protéger vos données, votre identité et votre tranquillité d'esprit. La commodité ne doit jamais se faire au détriment de votre vie privée.

Comment Ava a appris le prix de la vie privée

Ava adorait la photographie. Jeune créatrice de contenu, elle passait des heures à prendre des photos et à les modifier avec des applications tendance. Lors d'un week-end en Arizona, elle découvrit une nouvelle application appelée ProFilter+. Elle promettait des filtres professionnels gratuits. Sans hésiter, elle l'installa et accepta toutes les autorisations.

Trois jours plus tard, quelque chose semblait étrange. Sa batterie se vidait rapidement. Son téléphone chauffait sans raison. Un soir, un message inhabituel demanda l'accès au Bluetooth. Elle ignora l'alerte, mais un doute s'installa.

En vérifiant ses paramètres, elle découvrit que ProFilter+ avait accès au microphone, à la caméra, à la localisation, aux contacts et même aux capteurs de mouvement. Pourquoi une application photo aurait-elle besoin de tout cela ?

Elle remarqua que l'application avait accédé à sa localisation 67 fois en 24 heures. Pire encore, un ami avait reçu un message suspect provenant de son adresse.

Paniquée, Ava supprima l'application et contacta son ami Malik, expert en cybersécurité. Ensemble, ils analysèrent son téléphone et découvrirent que l'application envoyait des données à un serveur distant.

Malik lui expliqua que certaines applications collectent des données comportementales, des sons ambiants ou des échantillons vocaux—même sans enregistrer directement.

Choquée, Ava réalisa qu'elle n'avait jamais réfléchi aux autorisations. Elle cliquait simplement sur « Installer » puis « Autoriser ».

Depuis ce jour, elle changea ses habitudes : elle vérifie les autorisations, recherche les développeurs et utilise des alternatives plus sécurisées.

Son téléphone est désormais plus rapide, plus sûr, et elle se sent de nouveau en contrôle.

La prochaine fois qu'une application devient virale, Ava prend le temps de se poser une question simple : « En a-t-elle vraiment besoin ? »

La plupart des gens ignorent ce qu'ils acceptent d'un simple clic. Mais Ava a appris que la commodité peut coûter cher en matière de vie privée—et elle ne refera plus cette erreur.

Chapitre 3 : Les risques liés au Wi-Fi public, au Bluetooth et au suivi de localisation

Dans un monde toujours connecté, la commodité mobile a un prix. Les réseaux Wi-Fi publics, les signaux Bluetooth et les services de localisation sont conçus pour faciliter la vie—mais ils créent aussi des vulnérabilités majeures qui peuvent être exploitées sans que vous vous en rendiez compte. Le défi consiste à comprendre comment ces outils fonctionnent et comment ils peuvent être manipulés par des pirates, des annonceurs et même les applications auxquelles vous faites confiance.

Commençons par le Wi-Fi public, l'une des menaces les plus courantes et les plus dangereuses. Les cafés, aéroports, hôtels et centres commerciaux offrent souvent un accès gratuit à Internet—mais ce "gratuit" cache souvent des risques. Ces réseaux sont fréquemment non sécurisés, ce qui signifie qu'ils n'utilisent pas de chiffrement pour protéger vos données. Toute information transmise via des sites HTTP—e-mails, mots de passe, numéros de carte bancaire—peut être interceptée avec des outils simples. Pire encore, des pirates peuvent créer de faux réseaux Wi-Fi (comme "Free_WiFi" ou

"Starbucks_Guest") pour piéger les utilisateurs. Une fois connecté, ils peuvent intercepter vos données, injecter des logiciels malveillants ou usurper des sites de confiance.

Même les connexions HTTPS ne sont pas totalement à l'abri si un attaquant exploite une faille ou trompe l'utilisateur pour installer un certificat frauduleux. Effectuer des opérations bancaires ou accéder à des comptes sensibles via un Wi-Fi public sans protection peut entraîner une perte massive de données.

Le deuxième risque majeur est le Bluetooth. La plupart des gens le laissent activé en permanence pour des raisons de commodité—connexion aux écouteurs, à la voiture ou à une montre connectée. Pourtant, le Bluetooth diffuse continuellement un signal détectable. Des vulnérabilités comme BlueBorne ont démontré qu'un pirate pouvait prendre le contrôle d'un appareil simplement en étant à proximité, sans aucune interaction. D'autres attaques, comme le BlueSnarfing, permettent d'extraire des données ou d'accéder à des fichiers sans autorisation.

Désactiver le Bluetooth lorsque vous ne l'utilisez pas est une mesure simple mais efficace. Cela réduit non seulement les risques de piratage, mais améliore aussi les performances de la batterie.

Le troisième vecteur critique est le suivi de localisation. Les smartphones utilisent le GPS, le Wi-Fi et les antennes mobiles pour déterminer votre position avec précision. Cela permet des fonctionnalités utiles comme la navigation ou les services de transport, mais pose aussi de sérieux problèmes de confidentialité.

De nombreuses applications collectent ces données et les partagent avec des tiers. Certaines suivent vos déplacements en continu—even lorsque vous ne les utilisez pas—créant un profil détaillé de votre vie : où vous travaillez, où vous vivez, où vous voyagez. Ces données peuvent être vendues, piratées ou utilisées à des fins publicitaires ciblées.

Pour reprendre le contrôle, commencez par vérifier les autorisations de localisation. Autorisez uniquement l'accès "pendant l'utilisation de l'application" sauf nécessité absolue. Désactivez la localisation précise si elle n'est pas indispensable. Désactivez également les fonctions de suivi comme "Lieux importants" sur iPhone ou "Historique de localisation Google" sur Android.

L'utilisation d'un VPN mobile est également fortement recommandée. Il chiffre votre connexion Internet, masque votre adresse IP et protège vos données—surtout sur les réseaux publics. Choisissez un VPN payant et fiable avec une politique stricte de non-conservation des données. Les VPN gratuits peuvent compromettre votre sécurité en vendant vos informations.

Enfin, désactivez les connexions automatiques aux réseaux Wi-Fi ouverts. Cette option, souvent activée par défaut, peut reconnecter votre téléphone à des réseaux malveillants sans que vous le sachiez.

En résumé, la capacité de votre smartphone à se connecter sans fil est une arme à double tranchant. Elle offre rapidité et praticité, mais expose également à des risques en temps réel. En adoptant une approche plus consciente de l'utilisation du Wi-Fi, du Bluetooth et de la localisation, vous pouvez réduire considérablement votre exposition aux menaces numériques.

L'objectif n'est pas de craindre ces technologies, mais de les utiliser intelligemment.

Histoire : Jordan et la faille du Wi-Fi

Jordan était un nomade digital, travaillant depuis des cafés et des espaces de coworking à travers le monde. Son téléphone contenait toute sa vie professionnelle. Pourtant, il privilégiait la commodité à la sécurité.

Un jour en Thaïlande, il se connecta à un Wi-Fi gratuit dans un café. Tout semblait normal—jusqu'à ce que des transactions frauduleuses apparaissent sur son compte bancaire.

Après enquête, il découvrit qu'il s'était connecté à un faux réseau Wi-Fi. Un pirate avait intercepté ses données, volé ses identifiants et pris le contrôle de ses comptes.

Le Bluetooth activé en permanence avait aggravé la situation, permettant au pirate d'extraire des données supplémentaires.

De plus, son historique de localisation révélait tous ses déplacements. Sa vie entière était exposée.

Avec l'aide d'un expert, Jordan sécurisa son téléphone : suppression des réseaux Wi-Fi enregistrés, désactivation du Bluetooth automatique, installation d'un VPN et restriction des autorisations.

Depuis, il partage son expérience pour sensibiliser les autres. Il a compris que la connectivité sans précaution revient à laisser sa porte ouverte dans une grande ville.

La sécurité ne consiste pas à tout bloquer—mais à choisir intelligemment ce que vous autorisez et à quel moment.

Chapitre 4 : Sécuriser votre smartphone — paramètres, outils et bonnes pratiques

Sécuriser votre smartphone commence par un changement d'état d'esprit : votre téléphone n'est pas simplement un appareil—c'est votre identité, votre portefeuille et votre vie privée réunis dans un seul objet que vous transportez partout. Chaque action—toucher, téléchargement ou balayage—ouvre une opportunité, soit pour la productivité, soit pour l'exploitation. Heureusement, les smartphones modernes intègrent des protections puissantes—il suffit de les utiliser correctement. Ce chapitre vous propose un guide étape par étape pour verrouiller votre téléphone grâce à des paramètres intelligents, des outils gratuits et des habitudes efficaces.

Commençons par l'écran de verrouillage, votre première ligne de défense. Utilisez un code PIN à six chiffres ou un mot de passe alphanumérique plutôt qu'un simple code à quatre chiffres. L'authentification biométrique—comme Face ID ou l'empreinte digitale—est pratique, mais doit toujours être associée à un code robuste. Évitez les schémas de déverrouillage simples ou les systèmes de reconnaissance faciale basiques. Désactivez également les aperçus de notifications pour les applications sensibles afin d'empêcher toute personne de voir vos messages sans déverrouiller l'appareil.

Ensuite, activez les mises à jour automatiques. Android et iOS publient régulièrement des correctifs de sécurité essentiels. Activez l'installation automatique pour que votre système et vos applications soient toujours à jour. Un appareil non mis à jour est extrêmement vulnérable, surtout face aux nouvelles failles de sécurité.

Un paramètre souvent négligé est la gestion des autorisations des applications. Chaque mois, vérifiez quelles applications ont accès à votre caméra, microphone, contacts, calendrier et localisation. Demandez-vous si cet accès est réellement nécessaire. Sinon, supprimez-le ou limitez-le à "uniquement pendant l'utilisation".

Pour protéger vos données stockées, activez le chiffrement. Les iPhones le font automatiquement. Sur Android, vous pouvez activer le chiffrement complet du disque dans les paramètres de sécurité. Cela garantit que même en cas de vol, vos données restent inaccessibles sans votre code.

Une autre habitude essentielle est de sauvegarder régulièrement vos données. Utilisez des sauvegardes chiffrées dans le cloud ou localement. Évitez les applications tierces non fiables. En cas de perte ou de piratage, une sauvegarde peut sauver toutes vos informations.

Pour vos communications, évitez les SMS classiques pour les informations sensibles. Utilisez des applications chiffrées de bout en bout. Certaines offrent même des messages temporaires et des verrous biométriques pour plus de sécurité.

Installez un VPN fiable, surtout si vous utilisez des réseaux Wi-Fi publics. Un VPN chiffre votre connexion, masque votre adresse IP et protège vos données contre les pirates. Privilégiez des services payants et réputés.

Pour les utilisateurs Android, des pare-feu mobiles permettent de surveiller les connexions des applications et bloquer les comportements suspects. Sur iOS, certaines applications offrent des protections similaires.

Désactivez le suivi publicitaire et le partage d'analyses. Vous pouvez également réinitialiser régulièrement votre identifiant publicitaire pour limiter le suivi.

Pour plus de sécurité, désactivez des fonctionnalités comme AirDrop, NFC ou Nearby Share lorsque vous ne les utilisez pas. Le Bluetooth et le Wi-Fi doivent également être désactivés en dehors de leur utilisation, surtout dans les lieux publics.

Enfin, activez les fonctions de localisation à distance comme "Localiser mon iPhone" ou "Find My Device". Elles permettent de retrouver, verrouiller ou effacer votre appareil en cas de perte ou de vol.

Ces réglages prennent peu de temps mais offrent une protection durable contre les cybermenaces. Votre téléphone sera plus rapide, plus sécurisé et vous offrira une tranquillité d'esprit.

Histoire : Riley reprend le contrôle

Riley pensait que son iPhone était déjà sécurisé. Mais après un séminaire sur la cybersécurité, elle réalisa qu'elle avait négligé des points essentiels.

Elle commença par changer son code à quatre chiffres pour un mot de passe long et sécurisé. Puis elle examina les autorisations des applications et découvrit que certaines accédaient inutilement à sa caméra et à son microphone.

Elle supprima ces accès, désactiva le suivi de localisation inutile et remplaça les SMS par une application de messagerie chiffrée.

Ensuite, elle nettoya ses réseaux Wi-Fi enregistrés, désactiva la connexion automatique et installa un VPN.

Elle désactiva le Bluetooth lorsqu'il n'était pas utilisé, limita les activités en arrière-plan et désactiva le suivi publicitaire. Elle activa également les sauvegardes chiffrées et la localisation de son appareil.

Quelques jours plus tard, son téléphone était plus rapide et plus sécurisé. Elle se sentait enfin en contrôle.

Lorsque son amie Dana fut victime d'un piratage, Riley put l'aider à sécuriser son téléphone.

Ce qui avait commencé comme une inquiétude est devenu une force. Riley n'était pas une experte, mais elle n'était plus vulnérable. Elle avait transformé son téléphone en une véritable forteresse—une décision à la fois.

Elle adopta une nouvelle règle : chaque mois, elle vérifie sa sécurité numérique—comme elle le ferait pour sa santé ou ses finances. Parce que protéger son téléphone, ce n'est pas seulement une question de technologie—c'est une question de tranquillité d'esprit.

Chapitre 5 : Protéger vos fichiers personnels, photos et données dans le cloud

Votre smartphone est bien plus qu'un simple appareil de communication—c'est un véritable coffre-fort personnel. Il contient des milliers de photos, des documents privés, des pièces d'identité scannées, des contrats, des dossiers financiers et même des notes sensibles. Bien que les smartphones soient extrêmement pratiques pour gérer votre vie, cette même commodité en fait des cibles de grande valeur pour le vol, le piratage et la surveillance. Si vos fichiers, photos ou comptes cloud sont compromis, les conséquences peuvent être graves : vol d'identité, extorsion, pertes financières et stress émotionnel.

La première étape pour protéger vos données personnelles est de comprendre comment elles sont stockées et partagées. La plupart des utilisateurs s'appuient sur des services cloud comme iCloud, Google Drive, OneDrive ou Dropbox pour stocker et sauvegarder leurs fichiers. Ces services sont efficaces, mais pas invulnérables. Une faille dans votre compte cloud peut donner accès à toute votre vie numérique, surtout si vous réutilisez des mots de passe ou n'activez pas l'authentification à deux facteurs.

Commencez par sécuriser vos comptes cloud avec des mots de passe forts et uniques, et activez l'authentification à deux facteurs (2FA). Évitez autant que possible la 2FA par SMS, qui peut être interceptée. Préférez des applications d'authentification ou même une clé de sécurité physique pour un niveau de protection supérieur.

Ensuite, vérifiez les autorisations de partage de vos fichiers. Il est courant d'oublier qu'un document partagé il y a longtemps reste accessible via un lien. Passez en revue vos fichiers et dossiers partagés, supprimez les accès inutiles et évitez les paramètres du type « accessible à toute personne disposant du lien ».

Chiffrez vos fichiers sensibles avant de les télécharger dans le cloud. Des outils permettent de protéger vos fichiers avec un mot de passe, de sorte que même en cas de piratage, ils restent illisibles sans la clé de déchiffrement.

Sur votre téléphone, utilisez des coffres-forts numériques pour stocker photos, documents et notes sensibles. Ces applications offrent un stockage chiffré protégé par mot de passe ou biométrie, inaccessible depuis la galerie ou le gestionnaire de fichiers classique.

Pour protéger vos photos, désactivez la synchronisation automatique pour les dossiers sensibles si vous n'avez pas confiance totale dans le service cloud. Vérifiez quelles images sont sauvegardées et envisagez de créer un espace sécurisé séparé pour les documents importants.

Soyez également prudent avec les applications de numérisation. Beaucoup stockent automatiquement les fichiers dans le cloud. Choisissez des applications offrant un stockage local et un chiffrement de bout en bout, et évitez celles qui envoient vos données vers des serveurs inconnus.

Effectuez régulièrement des sauvegardes hors ligne sur un support chiffré, comme un disque dur externe. Le cloud est pratique, mais pas infaillible—les données peuvent être supprimées, corrompues ou bloquées par une attaque. Une sauvegarde locale reste votre dernière ligne de défense.

Faites également attention aux autorisations des applications. Certaines applications demandent un accès complet à vos fichiers ou à votre galerie. Vérifiez si cet accès est réellement nécessaire et privilégiez des alternatives respectueuses de la vie privée.

Enfin, vous pouvez installer des solutions de sécurité mobile avec détection des fuites de données et fonctions antivol. Ces outils peuvent vous alerter en cas de compromission et vous permettre d'effacer vos données à distance.

En fin de compte, protéger vos fichiers et vos photos repose sur un principe simple : si cela a de la valeur pour vous, cela en a aussi pour quelqu'un d'autre. Traitez chaque document comme vous le feriez pour votre portefeuille ou votre passeport—protégez-le, chiffrez-le et contrôlez où il est stocké.

Histoire : l'email étrange de Natasha

Natasha, avocate indépendante, gérait toute son activité depuis son téléphone et son ordinateur. Tous ses documents clients étaient stockés dans le cloud.

Un jour, elle reçut une alerte indiquant un accès à son compte depuis la Russie. Peu après, des fichiers confidentiels furent téléchargés, et elle reçut une demande de rançon.

L'enquête révéla qu'elle réutilisait ses mots de passe et n'avait pas activé la double authentification. Une faille suffisante pour compromettre ses données.

Avec l'aide d'un expert, elle sécurisa ses comptes : activation de la 2FA, chiffrement des fichiers, suppression des synchronisations automatiques et utilisation d'applications plus sécurisées.

Elle réalisa aussi que sa galerie contenait des informations sensibles et prit des mesures pour les protéger.

En quelques jours, elle transforma sa sécurité numérique et partagea son expérience avec d'autres entrepreneurs.

Sa conclusion : « N'attendez pas une faille pour agir. Si c'est important à conserver, c'est important à protéger. »

Chapitre 6 : Messagerie, appels et visioconférences sécurisés sur mobile

Les messages texte, les appels vocaux et les visioconférences sont les moyens les plus courants de communication sur smartphone. Pourtant, beaucoup d'utilisateurs ignorent que ces échanges ne sont pas toujours privés. Entre les applications de messagerie non sécurisées, les plateformes vidéo non chiffrées et les opérateurs qui enregistrent les données, vos communications mobiles sont bien plus exposées que vous ne le pensez. À l'ère de la surveillance numérique, sécuriser vos conversations n'est plus un luxe—c'est une nécessité.

Commençons par les SMS. Il s'agit de l'un des moyens de communication les moins sécurisés. Les messages sont envoyés en clair et peuvent être interceptés par des opérateurs, des autorités ou des attaquants. Dans de nombreux cas, les historiques de SMS sont conservés pendant des mois, voire des années. Si la confidentialité est importante pour vous, limitez les SMS aux conversations non sensibles.

À la place, utilisez des applications de messagerie avec chiffrement de bout en bout, où seuls l'expéditeur et le destinataire peuvent lire les messages. Parmi les meilleures

options :
Signal : considérée comme l'application la plus sécurisée, open-source, sans publicité ni collecte de données.
WhatsApp : chiffrée, mais collecte des métadonnées.
Telegram : chiffrée uniquement en mode « chat secret ».
Threema et Wire : solutions très sécurisées, idéales pour un usage professionnel.

Concernant les appels vocaux et vidéo, les applications par défaut des opérateurs ne sont généralement pas chiffrées de bout en bout. Les appels peuvent être interceptés ou enregistrés. Pour plus de sécurité, utilisez des applications offrant un chiffrement complet pour les appels, comme Signal ou d'autres services sécurisés.

Soyez vigilant avec les autorisations de microphone et de caméra. De nombreuses applications demandent l'accès à ces fonctionnalités—even lorsqu'elles ne sont pas utilisées. Vérifiez régulièrement quelles applications y ont accès et désactivez-les si ce n'est pas nécessaire. Les systèmes modernes affichent souvent un indicateur lorsque le micro ou la caméra est actif.

Lors de l'utilisation d'applications de visioconférence, gardez à l'esprit que toutes ne sont pas entièrement sécurisées. Certaines ne proposent pas de chiffrement complet ou collectent des données. Pour les échanges sensibles, privilégiez des solutions plus sécurisées.

Pour une protection supplémentaire, vous pouvez utiliser des numéros temporaires ou anonymes pour éviter de divulguer votre numéro principal. Ces solutions sont particulièrement utiles dans des situations à risque.

Faites également attention aux attaques d'ingénierie sociale. Un message peut sembler provenir d'une personne de confiance mais contenir des liens malveillants ou des demandes frauduleuses. Vérifiez toujours l'identité de l'expéditeur avant d'agir.

Renforcez la sécurité de vos applications avec des fonctionnalités comme l'authentification à deux facteurs, les codes PIN pour accéder aux discussions et les messages qui s'effacent automatiquement.

Enfin, examinez les sauvegardes de vos messages. Certaines applications sauvegardent les conversations dans le cloud sans chiffrement, ce qui peut représenter un risque. Désactivez ces sauvegardes ou activez leur chiffrement si possible.

En résumé, sécuriser vos communications nécessite plus que le choix d'une application. Il s'agit d'une combinaison d'outils chiffrés, de paramètres adaptés et de bonnes habitudes.

Chaque message que vous envoyez peut rester privé—ou devenir accessible à d'autres.

Histoire : Lena et la sécurité des communications

Lena, journaliste d'investigation, traitait des informations sensibles mais utilisait des outils de communication standards.

Un jour, elle apprit que ses échanges pouvaient être surveillés. Son téléphone présentait des signes suspects, comme l'activation du micro sans raison.

Avec l'aide d'un expert, elle comprit que ses appels et messages n'étaient pas sécurisés. Elle adopta une application chiffrée, activa l'authentification renforcée et limita les autorisations des applications.

Elle désactiva également les sauvegardes non sécurisées et utilisa des numéros temporaires pour protéger ses sources.

Grâce à ces changements, elle put poursuivre son travail en toute sécurité et protéger ses contacts.

Elle en retira une leçon essentielle : dans un monde numérique, protéger ses communications est indispensable—car ce que vous dites peut rester privé... ou devenir permanent.

Chapitre 7 : Pièges des applications mobiles, logiciels malveillants et menaces de logiciels espions

Toutes les applications mobiles ne sont pas ce qu'elles semblent être. Certaines se présentent comme des outils utiles, des jeux ou des plateformes de divertissement—mais en réalité, elles collectent vos données, installent des logiciels de suivi ou fonctionnent comme des logiciels espions. Le smartphone moderne est devenu une mine d'or pour les développeurs et les attaquants, et les utilisateurs qui ne reconnaissent pas ces pièges s'exposent à la surveillance, au vol d'identité ou pire encore. Dans ce chapitre, nous allons révéler les menaces les plus courantes liées aux applications et comment vous en protéger.

Commençons par les applications malveillantes. Ce sont des applications qui paraissent légitimes mais sont conçues pour voler des données, installer des logiciels malveillants ou prendre le contrôle de certaines fonctions de votre appareil. Elles sont souvent présentes sur des boutiques d'applications tierces ou des sites douteux proposant des fichiers APK. Toutefois, certaines parviennent aussi à infiltrer des boutiques officielles en se faisant passer pour des lampes torches, des fonds d'écran ou des outils utilitaires. Une fois installées, elles demandent des autorisations excessives et commencent à envoyer vos données vers des serveurs distants ou à surveiller votre activité.

L'une des menaces les plus dangereuses est le logiciel espion, aussi appelé *stalkerware*. Ces applications sont conçues pour suivre discrètement votre localisation, vos messages, vos appels, vos photos et même l'activité de votre micro ou de votre caméra—sans votre consentement. Elles peuvent être installées par une personne ayant un accès temporaire à votre téléphone et fonctionnent souvent en arrière-plan, invisibles pour l'utilisateur.

Ces logiciels espions peuvent se déguiser en mises à jour système ou utiliser des noms génériques comme « Services système » pour éviter d'être détectés. Certains sont vendus comme outils de contrôle parental ou de surveillance d'employés, mais sont souvent détournés à des fins abusives. Une fois actifs, ils transmettent en continu vos données et peuvent même activer votre microphone à distance.

Pour vous protéger, commencez par vérifier régulièrement vos applications installées. Supprimez immédiatement toute application inconnue ou suspecte. Sur Android, consultez la liste complète des applications et triez-les par date d'installation. Vérifiez également les autorisations administrateur, car certains logiciels espions obtiennent des privilèges élevés.

Installez des solutions de sécurité mobile provenant d'éditeurs fiables. Ces outils peuvent détecter les logiciels malveillants, analyser les comportements suspects et surveiller l'utilisation du micro et de la caméra.

Téléchargez uniquement des applications depuis des sources fiables. Évitez les fichiers APK provenant de liens ou de publicités. Avant d'installer une application, vérifiez le développeur, les avis, le nombre de téléchargements et les autorisations demandées. Méfiez-vous des descriptions génériques ou des avis suspects.

Soyez particulièrement vigilant avec les applications gratuites qui demandent des accès sensibles comme les contacts, le stockage ou l'historique des appels. Si une application lampe torche demande l'accès à votre micro, cela doit vous alerter immédiatement.

Désactivez l'installation d'applications provenant de sources inconnues. Cette option peut exposer votre appareil à des logiciels malveillants.

Surveillez également le comportement de votre téléphone. Une batterie qui se décharge rapidement, une surchauffe, une utilisation anormale des données ou des redémarrages inattendus peuvent indiquer la présence de logiciels malveillants.

Si vous pensez que votre téléphone est compromis, sauvegardez vos données de manière sécurisée, effectuez une réinitialisation complète et réinstallez vos applications une par une à partir de sources fiables.

Enfin, sensibilisez votre entourage. Les enfants, les partenaires ou les personnes âgées sont souvent plus vulnérables à ces pièges. Aidez-les à configurer leurs appareils de manière sécurisée et à comprendre les risques.

En résumé, chaque application que vous installez peut soit protéger votre vie privée—soit la compromettre. La vigilance est votre meilleure défense.

Histoire : l'expérience de Tasha

Tasha, enseignante, téléchargea une application de productivité qui semblait parfaite. Mais après quelques jours, son téléphone commença à se comporter de manière étrange : batterie qui se vide rapidement, publicités ciblées inhabituelles, redémarrages inattendus.

Un ami expert en informatique analysa son téléphone et découvrit que l'application était un logiciel espion. Elle collectait ses contacts, ses données audio, sa localisation et même le contenu de son presse-papiers.

L'application avait obtenu des privilèges avancés, rendant sa suppression difficile sans réinitialisation complète.

Après avoir nettoyé son téléphone, Tasha réalisa qu'elle avait accordé trop de confiance à des applications inconnues. Elle supprima plusieurs autres applications suspectes et adopta de nouvelles habitudes de sécurité.

Elle partagea ensuite son expérience avec d'autres parents, expliquant comment reconnaître les signes de danger et éviter les pièges.

Son histoire rappelle que les menaces les plus dangereuses ne se présentent pas toujours comme telles—elles se cachent souvent derrière des outils apparemment utiles.

Chapitre 8 : Que faire si votre téléphone est perdu, volé ou saisi

Perdre votre téléphone n'est plus une simple gêne—cela peut devenir une véritable urgence numérique. Qu'il soit égaré, volé ou saisi, votre vie privée peut être exposée en quelques minutes si vous n'êtes pas préparé. Contacts, applications bancaires, photos, messages, réseaux sociaux et mots de passe peuvent tous devenir accessibles. Mais avec les bonnes mesures, vous pouvez limiter les dégâts—voire les éviter complètement.

Étape 1 : Se préparer avant que cela n'arrive
La meilleure défense commence avant la perte. Activez les fonctions de localisation et d'effacement à distance :
Sur iPhone, activez "Localiser mon iPhone" et "Envoyer la dernière position".
Sur Android, activez "Find My Device".
Ces outils vous permettent de localiser, verrouiller et effacer votre téléphone à distance.

Assurez-vous également que votre écran de verrouillage est sécurisé. Utilisez un code complexe et désactivez l'affichage des notifications sensibles sur l'écran verrouillé. Supprimez l'accès aux fonctions comme le portefeuille ou les réponses rapides.

Étape 2 : Utiliser le chiffrement et l'effacement automatique
Les smartphones modernes proposent le chiffrement des données, ce qui empêche l'accès aux informations sans code. Activez également l'effacement automatique après plusieurs tentatives de déverrouillage échouées.

Étape 3 : Agir immédiatement en cas de perte ou de vol
Si votre téléphone disparaît :
Localisez-le immédiatement avec les outils de suivi.
Activez le mode perdu pour verrouiller l'appareil.
Si nécessaire, effacez toutes les données à distance.
Changez rapidement vos mots de passe, en priorité votre email et vos comptes bancaires.
Contactez votre opérateur pour désactiver la carte SIM.
Signalez le vol aux autorités avec le numéro IMEI.

Étape 4 : Se protéger en cas de saisie
Dans certaines situations (voyages, contrôles, enquêtes), votre téléphone peut être saisi. Utilisez un code complexe plutôt que la biométrie, car les empreintes ou la reconnaissance faciale peuvent parfois être exigées. Désactivez les synchronisations cloud sensibles et utilisez des applications sécurisées pour vos communications.

Vous pouvez également utiliser un téléphone secondaire pour les situations à risque, avec un minimum de données personnelles.

Étape 5 : Vérifications après récupération

Si vous récupérez votre téléphone :

Vérifiez toute activité suspecte.

Examinez les paramètres et les applications.

Changez vos mots de passe.

Effectuez une réinitialisation complète si nécessaire.

Conseil supplémentaire : conserver les informations de l'appareil

Notez et stockez en lieu sûr :

Le numéro IMEI

Le modèle et numéro de série

Une preuve d'achat

Une sauvegarde récente chiffrée

En résumé, votre téléphone peut être votre meilleur outil—ou votre plus grande vulnérabilité. Plus vous mettez en place de protections avant un incident, moins vous aurez de conséquences à gérer après.

Histoire : Raj et son téléphone perdu

Raj rentrait chez lui lorsqu'il réalisa que son téléphone avait disparu. Pris de panique, il se souvenait que tout y était stocké : comptes bancaires, données professionnelles, photos personnelles.

Heureusement, il avait activé la localisation à distance. Il localisa son téléphone, le verrouilla et ajouta un message. Lorsque le signal disparut, il effaça toutes les données à distance.

Il passa ensuite des heures à sécuriser ses comptes et à contacter son opérateur pour bloquer sa carte SIM.

Après cet incident, Raj renforça considérablement la sécurité de son nouveau téléphone : code complexe, désactivation de la biométrie, utilisation d'applications chiffrées et sauvegardes sécurisées.

Son expérience changea sa façon de voir son téléphone : ce n'était plus un simple outil, mais un élément essentiel de sa vie à protéger.

Sa leçon : protéger son téléphone, c'est protéger toute sa vie numérique.

Chapitre 9 : Sécurité mobile pour les familles et les enfants

Dans le monde connecté d'aujourd'hui, les appareils mobiles sont devenus une partie intégrante de la vie familiale. Les enfants utilisent smartphones et tablettes pour l'école, le divertissement et la communication—souvent dès leur plus jeune âge. Si la technologie offre des avantages considérables, elle ouvre également la porte à de réels dangers numériques : prédateurs en ligne, contenus inappropriés, cyberharcèlement, dépendance, suivi des données et atteintes à la vie privée. En tant que parent, tuteur ou responsable, sécuriser l'expérience mobile de votre enfant est l'une des responsabilités numériques les plus importantes.

Commencez par comprendre l'environnement des menaces. Les enfants ne sont pas de simples utilisateurs passifs—ils sont des cibles actives. Applications malveillantes, achats intégrés, algorithmes des réseaux sociaux et même d'autres enfants peuvent exploiter leur curiosité et leur naïveté. Les enfants ne réalisent pas toujours les conséquences du partage d'informations personnelles, du fait de cliquer sur des publicités, d'accepter des demandes d'amis ou de télécharger des jeux qui suivent leur comportement.

La première étape, et la plus importante, est une communication ouverte. Les enfants doivent comprendre que l'utilisation d'un smartphone est un privilège qui s'accompagne de responsabilités. Expliquez que les risques en ligne sont réels, tout comme les dangers dans le monde physique—et que vous êtes là pour les aider, pas pour les espionner. Aborder la discussion sous l'angle de l'autonomie numérique plutôt que de la surveillance favorise la confiance et encourage un dialogue honnête lorsque des problèmes surviennent.

Ensuite, mettez en place des contrôles parentaux et des restrictions adaptées à l'âge :

Sur iOS, allez dans Réglages > Temps d'écran. Vous pouvez créer un profil enfant, limiter l'utilisation des applications selon l'âge, bloquer les contenus explicites, empêcher l'installation d'applications et définir des limites de temps par catégorie.

Sur Android, utilisez l'application Family Link. Elle permet de fixer des limites de temps d'écran, d'approuver les téléchargements d'applications, de bloquer certains sites web et de suivre l'activité.

Activez SafeSearch sur Google et YouTube. Pour les plus jeunes enfants, utilisez des applications comme YouTube Kids, qui filtrent plus strictement les contenus.

Utilisez un navigateur sécurisé pour enfants ou une solution de sécurité mobile incluant des filtres web parentaux. Des outils permettent de surveiller ce que votre enfant voit, bloquer les contenus dangereux et recevoir des alertes en cas de comportement suspect—sans lire chacun de ses messages.

Apprenez tôt à vos enfants les bases de la protection des données. Expliquez pourquoi ils ne doivent jamais partager leur nom complet, leur adresse, leur école ou leurs photos avec des inconnus. Aidez-les à comprendre ce qu'est le « suivi » et comment des jeux apparemment amusants peuvent collecter discrètement des données comme la localisation, les contacts et le comportement pour créer des profils publicitaires—ou pire.

Désactivez le suivi de localisation pour la plupart des applications. Sauf nécessité absolue (comme une application familiale de localisation), les appareils des enfants ne doivent pas diffuser leur position en temps réel. Désactivez également le Bluetooth et les fonctions comme AirDrop ou Nearby Share lorsqu'elles ne sont pas utilisées.

Abordez le cyberharcèlement et le harcèlement en ligne. Assurez-vous que votre enfant sait comment bloquer et signaler un utilisateur, et qu'il comprend qu'il peut toujours vous parler s'il se sent mal à l'aise. Les réseaux sociaux sont souvent des lieux où apparaissent des messages inappropriés ou des pressions sociales.

Fixez des règles claires concernant le temps d'écran. Une utilisation excessive des appareils mobiles chez les enfants est liée à des troubles du sommeil, une baisse de l'attention et de l'anxiété. Créez des zones sans écran (comme la chambre à coucher ou les repas familiaux) et définissez des plages horaires sans utilisation.

Utilisez les outils de gestion pour suivre le bien-être plutôt que contrôler le comportement. Les rapports hebdomadaires d'utilisation peuvent aider les enfants à comprendre leurs habitudes et à en prendre la responsabilité. Encourager l'autorégulation est une leçon essentielle à long terme.

Renforcez la sécurité avec des protections physiques solides :
Utilisez un mot de passe robuste ou un verrouillage biométrique
Désactivez les achats et accès aux boutiques d'applications sans autorisation
Maintenez les appareils à jour avec les dernières mises à jour de sécurité
Stockez les informations sensibles sur des appareils ou comptes contrôlés par les parents

Enfin, montrez l'exemple. Les enfants apprennent en observant. Si vous êtes constamment sur votre téléphone ou négligez vos paramètres de confidentialité, ils feront de même. Partagez vos habitudes, discutez ouvertement des erreurs et faites de la sécurité numérique une valeur familiale, et non une simple règle ponctuelle.

En résumé, l'objectif de la sécurité mobile pour les enfants n'est pas de les isoler du monde numérique, mais de leur donner les connaissances, les limites et les habitudes nécessaires pour les protéger toute leur vie. À mesure qu'ils grandissent, accordez-leur progressivement plus d'autonomie—fondée sur la confiance, la transparence et la compréhension technologique.

Dans le dernier chapitre, nous explorerons l'avenir de la sécurité mobile et de la vie privée, y compris les nouvelles technologies, les menaces émergentes et les moyens de garder une longueur d'avance dans un monde toujours connecté.

Pourquoi Monica a installé Family Link

Monica était une mère célibataire qui faisait de son mieux pour concilier travail et parentalité. Son fils Leo, âgé de 10 ans, lui demandait un smartphone depuis des mois. Tous ses amis en avaient un, et il voulait jouer, envoyer des messages et regarder des vidéos. Elle a d'abord résisté—puis a finalement accepté et lui a acheté un téléphone Android simple.

Au début, tout se passait bien. Leo utilisait des jeux éducatifs, regardait des vidéos adaptées et échangeait des messages avec sa famille. Mais après quelques semaines, Monica remarqua des changements : il se couchait plus tard, devenait irritable quand on lui retirait le téléphone, et parlait avec des inconnus en ligne.

En vérifiant son téléphone, elle découvrit qu'un jeu avait accès au micro, à la caméra et à la localisation—et permettait de discuter avec n'importe qui.

Avec l'aide d'un ami, elle installa Family Link, limita les téléchargements, contrôla le temps d'écran et supprima les applications inutiles. Elle activa également des filtres de contenu et eut une discussion importante avec son fils sur la sécurité en ligne.

Ils établirent des règles simples : pas d'écran dans la chambre après 20 h, et aucune nouvelle application sans autorisation. Monica consulta les rapports d'utilisation pour guider plutôt que punir.

Avec le temps, Leo adopta de meilleures habitudes et commença à faire des choix plus responsables.

L'expérience de Monica montre que la technologie seule ne suffit pas—la communication, la confiance et l'éducation sont essentielles.

Chapitre 10 : L'avenir de la sécurité mobile — tendances, menaces et comment garder une longueur d'avance

La sécurité mobile n'est plus une option—c'est une nécessité vivante et en constante évolution. À mesure que les smartphones deviennent plus puissants et s'intègrent dans tous les aspects de notre vie, les menaces qui les ciblent deviennent plus sophistiquées, persistantes et invisibles. Comprendre ce qui nous attend est essentiel pour garder une longueur d'avance sur les attaquants, les algorithmes manipulateurs et les systèmes de surveillance. Dans ce dernier chapitre, nous explorons les tendances futures de la sécurité mobile, les menaces à surveiller et les moyens de protéger votre vie numérique à long terme.

L'un des changements majeurs est l'essor de l'intelligence artificielle, utilisée à la fois pour attaquer et pour défendre. Les cybercriminels exploitent désormais l'IA pour automatiser le phishing, créer des messages hyperréalistes et analyser les comportements afin de cibler leurs attaques. Les deepfakes audio et vidéo deviennent des outils puissants d'usurpation d'identité, capables de tromper les utilisateurs en imitant des sources de confiance.

Du côté de la défense, l'IA permet la détection en temps réel des menaces, l'analyse des comportements anormaux et la prévention des fuites de données. Les systèmes d'authentification biométrique, les contrôles d'accès basés sur le comportement et les pare-feu intelligents deviendront des standards. Votre téléphone sera de plus en plus autonome pour se protéger—mais aussi plus dépendant des données pour y parvenir.

Une autre tendance majeure est l'augmentation des attaques sans interaction (*zero-click*). Ces attaques ne nécessitent aucune action de l'utilisateur : un appel manqué, un message ou un fichier reçu peuvent suffire à compromettre un appareil. Elles exploitent souvent des failles inconnues et sont particulièrement dangereuses pour les profils exposés comme les journalistes ou les dirigeants.

Pour s'en protéger, il est essentiel de maintenir ses appareils à jour, de désactiver les services inutiles et de limiter l'exposition aux contenus automatiques.

La surveillance et les logiciels espions évoluent également rapidement. Des outils sophistiqués peuvent compromettre même des appareils sécurisés. À l'avenir, ces technologies pourraient être utilisées non seulement par des États, mais aussi par des entreprises ou des individus malveillants.

En réponse, de nouvelles solutions émergent : clés de sécurité physiques, systèmes d'exploitation axés sur la confidentialité et technologies d'identité décentralisée.

L'authentification biométrique évolue également. Au-delà des empreintes digitales ou de la reconnaissance faciale, de nouvelles méthodes apparaissent, comme l'analyse du comportement (frappe au clavier, démarche, voix). Ces innovations renforcent la sécurité, mais posent aussi des questions éthiques sur la collecte des données personnelles.

Les portefeuilles numériques et identités mobiles se développent rapidement. Votre téléphone devient un outil central pour vos documents officiels, vos paiements et votre identité. Cela rend sa perte ou sa compromission encore plus critique.

Avec la 5G et les technologies futures, davantage d'appareils seront connectés—augmentant les surfaces d'attaque. Les menaces ne viseront plus seulement les applications, mais aussi les réseaux et l'ensemble de l'écosystème connecté.

Comment se préparer à l'avenir ?
Restez informé et adaptez-vous aux nouvelles menaces.
Réduisez votre empreinte numérique en limitant les données partagées.

Utilisez une sécurité multicouche (VPN, chiffrement, authentification).
Conservez des sauvegardes hors ligne chiffrées.
Protégez votre identité en limitant les informations sensibles stockées.
Auditez régulièrement vos paramètres de sécurité.

L'avenir de la sécurité mobile ne consiste pas à éliminer tous les risques, mais à adopter des habitudes intelligentes et à rester proactif. Dans un monde où les menaces sont invisibles, votre vigilance est votre meilleure défense.

Histoire : une famille face aux nouvelles menaces

Julian et Maya vivaient dans une maison entièrement connectée. Téléphones, objets intelligents, comptes synchronisés—tout était pratique. Jusqu'au jour où ils découvrirent un documentaire sur les logiciels espions.

Ils réalisèrent que même sans interaction, un appareil pouvait être compromis. Cela les poussa à revoir toute leur sécurité numérique.

Ils mirent à jour leurs appareils, adoptèrent des applications sécurisées, activèrent des clés de sécurité physiques et désactivèrent le suivi inutile.

Ils apprirent également à leurs enfants les bases de la sécurité numérique, transformant leur approche en une habitude quotidienne.

Avec le temps, ils ne vivaient plus dans la peur, mais dans le contrôle. Leur sécurité reposait sur un état d'esprit, pas seulement sur la technologie.

Leur conclusion était simple : la sécurité n'est pas un réglage ponctuel—c'est une discipline.

La sécurité n'est pas une destination—c'est une pratique

Vous êtes arrivé à la fin de ce livre, mais votre parcours vers la sécurité mobile ne fait que commencer.

Nous vivons dans un monde où nos téléphones sont bien plus que de simples outils—ce sont des extensions numériques de nous-mêmes. Ils savent où nous allons, avec qui nous parlons, ce que nous recherchons, comment nous dépensons, et même ce à quoi nous pensons lorsque personne ne nous observe. Et parce qu'ils en savent autant, ils doivent être protégés avec la même urgence, la même vigilance et le même soin que nous accordons à nos maisons, à nos familles et à notre identité.

Tout au long de ce livre, nous avons exploré chaque couche de protection mobile—des paramètres de verrouillage aux messages chiffrés, des audits des autorisations d'applications à la détection des logiciels espions et des menaces à distance. Vous comprenez désormais que les menaces ne ressemblent pas toujours à des menaces. Elles prennent souvent la forme de commodité, de téléchargements gratuits ou de paramètres laissés par défaut.

Vous comprenez également que l'objectif de la sécurité n'est pas de créer de la peur ou de la paranoïa—mais de créer de la liberté. Lorsque vous prenez le contrôle de votre appareil, de vos données et de vos habitudes numériques, vous avancez dans le monde avec plus de confiance, de clarté et de sérénité.

Vous avez appris à :
Renforcer votre téléphone avec des paramètres intelligents
Choisir les bons outils de messagerie et de vidéo pour une véritable confidentialité
Protéger vos photos, fichiers et données cloud contre les fuites et les violations
Identifier et supprimer les applications malveillantes ou manipulatrices
Vous préparer aux situations d'urgence comme le vol, la saisie ou la perte de votre appareil
Accompagner vos enfants et votre famille vers une utilisation numérique sécurisée
Garder une longueur d'avance sur les menaces futures grâce à des habitudes, des outils et une meilleure compréhension

Plus important encore, vous avez appris que la sécurité n'est pas une destination—c'est une pratique. Vous devrez revoir vos paramètres, repenser vos outils et continuer à vous former à mesure que la technologie évolue. Ce qui est sécurisé aujourd'hui ne le sera peut-être pas demain. Mais avec le bon état d'esprit, vous serez prêt à vous adapter et à progresser.

La série Cyber Shield Academy existe pour vous aider à faire exactement cela—développer une véritable culture numérique dans un monde rempli de distractions, de manipulations et de surveillance invisible.

Merci de vous être engagé dans cet apprentissage. Si ce livre vous a été utile, partagez-le avec quelqu'un qui compte pour vous : un ami, un parent, un adolescent ou un collègue. La sécurité numérique concerne tout le monde—et en diffusant ces connaissances, vous ne vous protégez pas seulement vous-même. Vous contribuez à créer un monde plus sûr pour les autres.

Restez vigilant. Protégez votre vie privée. Et souvenez-vous : le pouvoir est dans votre poche—mais le risque aussi. **Protégez les deux.**

www.ingramcontent.com/pod-product-compliance
Lightning Source LLC
LaVergne TN
LVHW022028200926
848481LV00007B/2583